LE BILAN

DE

L'ANNÉE 1890

DE

LA IIIe RÉPUBLIQUE

PAR

SPECTATOR

> [illegible]
>
> Montesquieu.

CHATEAUROUX

IMPRIMERIE TYPOGRAPHIQUE ET LITHOGRAPHIQUE [illegible] BADEL

1891

AVANT-PROPOS

Aux Hésitants,

Il souffle un vent de désertion. On va à la Republique. La lutte est inutile, disent les uns, le patriotisme le commande disent les autres, l'opposition quand même c'est l'émigration à l'intérieur, assurent les doctrinaires de l'opportunisme. Tous feraient bien mieux d'avouer que la faim fait sortir le loup du bois.

« Venez à moi, vous qui avez soif de « places ; venez à moi, vous qui avez « faim d'honneurs, de faveurs et de « prébendes », dit l'opportunisme triomphant et sans regarder en arrière, sans se souvenir des crimes de ceux qui ont mis le pied sur la gorge de la France, quand le Prussien la tenait terrassée, on va à cette République, qui n'est que le résumé de tous les vices et de tous les abus de la Monarchie sans aucun de ses avantages.

Ce délaissement des principes conservateurs n'a rien qui nous épouvante. C'est une fièvre passagère qu'explique en partie l'extrême prudence la trop grande réserve de nos chefs.

On ne mène les partis que révolutionnairement.

Pour nous, qui par profession et par amour du pays suivons pas à pas et chaque jour les actes de la République et de ses champions, nous la trouvons tout aussi détestable qu'au lendemain de la trahison qui lui a livré la France.

Si cela n'était point, si la République devenait respectable, nous nous réfugierions dans le silence et l'inaction, car l'honneur, cette raison supérieure à tous les intérêts, nous interdirait de servir une forme de gouvernement que nous n'avons cessé de combattre.

Mais cela n'est pas plus à craindre qu'à espérer.

La République actuelle n'est qu'une coalition d'appétits.

QUAND DANS UNE RÉPUBLIQUE, IL FAUT FAIRE LA FORTUNE DES AMIS ET DES PARENTS DE TOUS CEUX QUI ONT PARU AU GOUVERNEMENT, TOUT EST PERDU. Les lois sont éludées plus dangereusement quelles ne sont violées par un prince, qui étant toujours le plus grand citoyen de l'Etat, a le plus d'intérêt à sa conservation.

« Chapitre IV. — Grandeur et décadence des Romains.

» MONTESQUIEU. »

Lorsqu'on a corrompu le peuple à prix d'argent, il devient de sang-froid, il S'AFFECTIONNE à l'ARGENT, Mais il ne s'affectionne plus aux affaires.

Sans souci du gouvernement et de ce

qu'on y propose, il attend tranquillement son salaire.

« Chapitre II.—Esprit des Lois.

» Montesquieu ».

On pourrait ajouter. « Il attend son salaire ou il le prend violemment quand on cesse de le lui donner.

Guerre sociale, guerre religieuse, banqueroute et intervention de l'étranger, voilà où nous mène sûrement le gouvernement que subit la France.

Aveugles ceux qui ne le voient pas.

Spectator.

L'ANNÉE 1890

SITUATION POLITIQUE

L'année 1890 a commencé au milieu des brouillards d'une saison maladive et ingrate. Aux sombres préoccupations que nous laissait, en partant, l'année de l'Exposition, était venu s'ajouter l'action patibulaire de l'Influenza.

La majorité Républicaine sortie des urnes à double fonds, des vols et des grattages de bulletins et plus encore des 40 millions que Constans avait puisés dans le Trésor public qui n'est plus que le trésor de quelques uns, avait déjà donné la mesure de ce qu'elle valait, dans la session de novembre 1889. Avec l'esprit de secte et de violence qui fait le fond de la politique gouvernementale républicaine, les nouveaux députés apportaient la rancune de la peur. Il s'en était fallu de si peu que le pouvoir fût enfin arraché à la secte qui s'enrichit en déshonorant la France ! Ils tremblaient encore au seul nom de Boulanger et leur rage s'acharna sans pudeur contre les élus de 3 millions cinq cent mille citoyens français dont le crime irrémissible avait été de tenter d'arracher aux opportunistes cette fameuse assiette au beurre qui est leur tabernacle, leur foi, leur Patrie.

Les invalidations, vrais abus de majorité revêtirent un caractère ignoble de violence et d'injustice. On vit invalider des députés conservateurs, élus avec 2.000 voix de majorité et malgré les agissements d'une administration déloyale et toute entière combattant contre eux, tandisque l'on validait haut la main et sans discussion des députés républicains élus à 1, 2, 3... voix de majorité obtenues à coups de grattoir, parfois même à coups de couteau et avec l'aide de cette administration bonne à tout faire.

Ce n'était pas seulement agir en tyrans imbéciles, c'était taxer le Suffrage Universel d'indignité, ravaler cette institution base de notre Etat politique au-dessous des pitreries les plus méprisables, c'était tarir la source de toute honnêteté politique dans les masses populaires et depuis, on l'a bien vu, le Suffrage universel ne s'est pas relevé puis-que il a élu des voleurs aussi notoirement voleurs que Cartouche et Mandrin et même que Wilson et sa pléiade.

Et chose curieuse, si les Républicains s'efforcèrent de nous montrer qu'ils revenaient imbus des mêmes haines, frappés des mêmes impuissances, rongés par les mêmes rivalités et divisions incurables qu'apaisent à peine la nécessité de se défendre contre la grande masse de la nation et le souci de satisfaire d'innassouvissables convoitises, les députés conservateurs ne se montrèrent ni plus patriotes ni plus courageux.

Au lieu de protester énergiquement contre la déchéance du Suffrage Universel par une démission en masse, au lieu de proclamer à la face de la France et de l'Europe la nullité d'élections volées, ils se firent petits, humbles, lâches ; ils courbèrent l'échine et se mirent à bêler les mots de modération, de concessions, de condescendance, implorant la pitié de leurs vainqueurs déshonnêtes.

Tandis que le peuple indigné criait déjà Dissolution ! Dissolution ! eux n'avaient qu'une pensée, négocier leur capitulation.

C'est que les conservateurs, eux aussi, étaient fort divisés. L'union conservatrice avait comme de coutume caché bien des trahisons. Les Bonapartistes y avaient joué le rôle de dupes auquel ils semblent vouloir se résigner. D'autre part, une foule de Monarchistes masqués, grouillant dans les marais du centre gauche, donnaient hypocritement la main aux Opportunistes avec lesquels ils ont l'affinité parlementaire. De là des discussions envenimées et sans franchise, de là, enfin, une faiblesse incurable pour la droite, faiblesse qui se prolongera tant que durera la législature.

En présence de l'humilité de leurs adversaires, les opportunistes ont manœuvré habilement. Ils n'ont pas hésité à signifier aux radicaux qu'il fallait se démettre ou se soumettre — et ceux-ci tout aussi veules que les droitiers se sont rendus à merci. — Le présomptueux Floquet lui même, quoique réélu président de la Chambre, put constater qu'il n'arrivait au fauteuil, qu'il occupe avec une partialité révoltante qu'avec une minorité de faveur Il n'y avait certes pas de quoi triompher. Clémenceau lui même, jadis si fanfaron, dut s'agenouiller devant l'opportunisme et demander l'Aman.

Les Boulangistes réduits à un nombre dérisoire, abandonnés de leurs faux alliés les orléanistes, seuls, osèrent faire bonne contenance devant l'opportunisme triomphant. Bien loin de renoncer aux justes revendications, aux programmes nets et précis qui les avaient fait élire, ils n'ont pas caché leur intention de demeurer fermes sur la brèche, d'être inébranlables dans leur opposition acharnée, disons plus et mieux, dans leur résolution d'en finir avec ce parlementarisme éhonté qui tue la France. Par quel moyen ? L'avenir le dira.

La Chambre les a vus dans l'affaire Joffrin, alors que ce faux député, proclamé élu contre toute vérité et justice, a voulu prendre la parole. En vain, les parlementaires au comble de la fureur, ont voulu étouffer leurs voix, en vain ils les ont provisoirement frappés d'exil et parlé de chasser du parlement, pour une année, tout député assez indépendant pour regarder l'opportunisme en face, les Boulangistes ont tenu bon et en définitive ils ont remporté une victoire morale qui ne laisse pas que d'inquiéter la secte.

Ce petit noyau d'hommes résolus, qui montrent à la droite ce que peuvent le courage et l'intransigeance, empêche les Opportunististes de jouir en paix de leur omnipotence. Ces derniers tremblent encore en face de ces adversaires qui dédaignent les faux fuyants de la conciliation mensongère, ils les redoutent et dans leur rage et leur lâcheté, ils ont osé menacer la Presse qui, chaque jour, démasque leurs turpitudes. Joseph Reynach, leur homme d'Etat à tout faire, porte parole de cette majorité servile qui n'a ni idées, ni raison. ni foi, s'empressa de rédiger un projet de loi liberticide ; mais au dernier moment ces tristes représentants du jacobinisme ont reculé, et la mort dans l'âme, ils ont remis à des temps plus favorables le doux plaisir qu'ils éprouvaient déjà à l idée d'étrangler la Presse.

Uniquement préoccupés de garder le pouvoir, ils se déclarent prêts à toutes les répressions, à toutes les guerres ; le silence de la Presse était pour eux la sauvegarde du gaspillage des finances, le moyen de continuer le système des pots-de-vins, des faveurs imméritées et de l'assouvissement des vengeances ; mais c'était une grosse partie à jouer. Ils ont eu peur, cette peur des despotes qui les affole, et, tout en approuvant la loi Reinach, ils l'ont repoussée. Nous n'avons aucun gré à leur savoir de cette modération de contrebande.

Après les invalidations en masse, sont venues les destitutions inqualifiables et les suppressions des traitements aux malheureux desservants.

Ces pauvres desservants, enfants du peuple des campagnes, ardents dans leur foi et dans leur patriotisme, avaient laissé voir le désir bien naturel d'une orientation plus énergique de la politique d'opposition contre le gouvernement qui opprime les consciences. Ils ont ainsi attiré la foudre sur leurs têtes, mais ces vaillants n'ont pas fléchi sous l'orage, et, le cas échéant, ils le montreront bien à la République Franc-maçonnique.

Après tant de victoires, les opportunistes ont repris leur œuvre néfaste. La loi scolaire, émanation non dissimulée de l'athéisme officiel, leur a livré l'enfance. La loi militaire de trois ans, votée dans un but électoral, leur a permis de désorganiser ce qui restait de l'ancienne armée. Par la première, ils sont parvenus à atteindre pour les tarir les sources mêmes du recrutement du clergé ; par la seconde, ils déshabituent le peuple de son respect pour les chefs de l'armée.

Cette dernière loi, dont on n'a pas voulu calculer le coût réellement formidable, doit en très peu de temps achever la ruine de nos finances.

Ces deux lois sont celles qui tiennent le plus de place dans les préoccupations de nos maîtres, car c'est par elles qu'ils prétendent annihiler les deux seuls organismes encore debout : le Clergé et l'Armée.

Pour donner à l'activité publique un dérivatif, on a créé au milieu de cette année une grande commission des douanes où l'on a fait entrer tous les protectionnistes de la majorité. C'est la préparation de la revanche du Protectionnisme contre le Libéralisme commercial, contre le régime des traités de commerce.

Malgré d'éclatantes promesses, cette grande commission, aux prises avec la réalité des faits, n'a encore rien produit et ne produira jamais rien ; du moins, il faut l'espérer.

Il y a loin de la coupe aux lèvres et les députés partisans du pain cher, n'ont pas encore osé manifester ouvertement leurs tendances rétrogrades. Quand ils oseront le faire on verra ce que dira le peuple.

Peu après s'est produit la comédie intitulée *Le Petit Conscrit de* 1890. Il est inutile de rappeler par le menu cette série de scènes empruntées au répertoire de l'Opéra Comique où n'a même pas manqué l'élément à la fois comique et ridicule. Le jeune d'Orléans n'a récolté de son aventure qu'un immense éclat de rire que les fanfares de cors de chasse jouant sous les fenêtres de Clairvaux n'ont pu, assurément, l'empêcher de savourer à son aise.

En cette équipée de collégien une seule figure intéressante est apparue, c'est celle de la princesse Marguerite et l'on peut dire qu'en se jouant de sa naïveté les d'Orleans ont commis une goujatterie. Les femmes ne portent pas bonheur aux d'Orléans.

Cependant le ministère Tirard, Constans, Freycinet renfermait en lui-même des germes morbides. En vain Tirard et Constans étaient allés bras dessus bras dessous dans la ville du Mans prononcer de mirifiques discours, on sentait bien que ces deux politiciens inégalement estimables n'avaient qu'un désir, se perforer le ventre mutuellement. De ces deux hommes, l'un était un imbécile quoique honnête, j'ai nommé Tirard, l'autre un roublard de première force, ayant exercé sur terre et sur mer et même sur... autre chose qui porte bonheur dit-on. J'ai nommé Constans. Aussi ce fut ce dernier qui perfora l'autre.

C'est qu'il y avait une grosse partie d'engagée, les élections municipales de Paris. Le gouvernement, qui sait bien que si Boulanger est mort, le Boulangisme ne l'est pas, était fort inquiet.

Après une éclipse de Constans qui dura quelques jours à peine, Tirard fut remercié, Freycinet fut mis à la présidence du Conseil et Constans rentra triomphalement à la place Beauveau disant avec sa bonhomie si cocasse et si dangereuse : Quant il y a un mauvais coup à faire, on ne saurait pas se passer de Bibi.

La petite Souris blanche, un parfait cynique et qui avait eû des pourparlers avec Boulanger au temps de la puissance de ce malheureux général, s'étant déclaré prêt à laisser faire le mal et à empêcher le bien, Constans consentit à l'accepter comme paravent.

Les Elections municipales eurent donc lieu sous l'œil vigilant de Constans et grâce aux fonds secrets répandus avec une largesse non moins inouïe que malhonnête, l'affaire fut enlevée au gré des opportunistes non sans que les boulangistes aient conquis quelques sièges.

Ce fut le coup de grâce pour le boulangisme officiel. Non pas que Paris soit acquis aux opportunistes, c'est le contraire qui est la vérité, mais Paris ne pardonne pas, ne peut pas pardonner à Boulanger de l'avoir trompé par son indigne faiblesse.

Boulanger c'est le berger Pâris en face des trois déesses et gardant la pomme pour lui, pour lui et sa stupide maîtresse.

Le peuple a eu raison de séparer sa cause d'un chef qui voulait le pouvoir sans rien risquer.

Que cette dure leçon profite à ceux qu'un grand nom appelle aux grands devoirs !

Après les élections il y eut à Paris une grande réunion de la presse départementale bonapartiste.

Cette réunion n'a pas donné les résultats qu'on était en droit d'espérer. Cela est très facheux, car la vraie question politique se pose en province. La presse départementale bonapartiste, jusqu'à ce jour s'est laissée absorber par l'Union Conservatrice faisant le jeu des monarchistes. Il est temps qu'elle secoue ce joug et qu'elle arbore fièrement le drapeau de l'Empire malgré les luttes qui l'attendent non seulement de la part des monarchistes mais aussi de ces bonapartistes honteux qui ont peur de prononcer trop haut le nom de Napoléon.

En province, les masses populaires ssnt radicales ou bonapartistes. Le seul nom des d'Orléans frit fuir le paysan et l'ouvrier. Par quelle aberration voyons-nous donc des bonapartistes de tradition s'entêter dans une union qui n'a d'autre résultat que de retarder indéfiniment le rétablissement de l'Empire par le plébiscite?

C'est un mystère sur lequel nous ne voulons pas nous appesantir dans cette revue pour ne pas envenimer des querelles on ne peut plus regrettables pour le succès final de notre cause.

Bien qu'au dire des opportunistes le Boulangisme fut mort et enterré, le gou vernement avait bien garde de s'abandonner à la confiance et d'ailleurs Constans qui s'ennuyait à la place Beauveau pendant que son vénéré seigneur, Carnot, se promenait aux quatre coins de la France, avait envie de remuer un peu l'opinion par un de ces scandales qui font époque.

C'est qu 'en effet après les destitutions les suppressions de traitemonts, les arrestations même, le peuple de France semblait s'abandonner à la torpeur. La scène manquait d'entrain et de gaieté et Constans n'est pas morose. Il n'aime pas les modes plaintifs et somnolents.

C'est alors que notre admirable ministre de l'Intérieur monta la pièce intitulée : « Les Coulisses du Boulangisme », en achetant quelques Judas Iscariottes qui se trouvaient dans le camp boulangiste.

Le *Figaro*, le *Moniteur Franco-Juif* se hâta d'ouvrir ses colonnes Rambutteau, à cette ordure.

Nous avons caractérisé en son temps cette publication.

Elle eut un effet tout autre que celui qu'en attendait l'Impressario. Comme Boulanger n'existait plus politiquement parlant, elle ne l'atteignit que par ricochet, mais par exemple elle jeta une vive lumière sur les dessous de la politique orléaniste cherchant à exploiter à son profit la grande poussée plébiscitaire dissimulée dans le mouvement boulangiste. Elle a révélé en outre, (et cela on peut l'affirmer) contre la volonté de Constans et des valets de plume dont il s'était servi, la parfaite légitimité de cette ligue des honnêtes gens pour renverser une secte oppressive et surtout elle a montré que seul le parti de l'Empire était en toute cette épopée, resté fidèle à ses principes, à ses traditions et à l'intérêt général du pays.

Pour tout homme que n'aveugle pas l'esprit de parti, le bonapartisme est sorti grandi de ces révélations.

Plus que jamais il est l'espérance du peuple, sa seule espérance.

La fin de l'année a été marquée par trois événements remarquables en ce qu'ils caractérisent bien l'Etat des esprits. Ce sont : 1° L'ÉLECTION DE MARY RAYNAUD, l'escroc de haut vol qui s'est éclipsé en emportant 5 millions à des spéculateurs de tout rang et de toute fortune.

Candidat officiel, confident de plusieurs ministres, patronné directement par Constans, il avait littéralement acheté et saoulé les électeurs de Saint-Flour, qui par cette élection honteuse se sont mis au ban du suffrage universel : 2° L'INCIDENT FOURROUX.

Fourroux, ami intime de M. Clémenceau et du ministre Rouvier, maire de Toulon, grand électeur dans le Var, candidat officiel mais malheureux, franc maçon influent, mais homme de mœurs inavouables, a dû être arrêté pour crime d'avortement accompli dans des circonstances abominables de cynisme et de lâcheté !

Cette arrestation a éclaté comme un coup de foudre et il faut ici rendre justice à la noble fermeté du procureur général d'Aix, dont assurément la carrière est a jamais brisée, du moins pour le temps que durera le règne des opportunistes.

Ces deux graves incidents permettent de mesurer le degré de moralité du personnel gouvernemental qui nous opprime. L'honnêteté publique en a été douloureusement frappée et il est impossible de ne pas évoquer le souvenir des catastrophes honteuses qui ont précédé la chute de Louis-Philippe, le procès Teste et Cabières. l'assassinat de la duchesse de Praslin, la vente des titres de paierie, l'affaire Hourdequin. les procés de Guéret, de Rochefort, de Poitiers, pour crimes de corruption, concussion, vols administratifs, etc.

Le dernier incident est l'adhésion bruyante de M. Lavigerie à la République franc-maçonnique.

Cette adhésion a surpris péniblement l'opinion et surtout le clergé qui n'avait pas attendu que l'évêque de Carthage lui donnât la permission d'opter pour tel ou tel gouvernement, pourvu que la foi et la conscience n'eussent aucun sacrifice sacrilège à faire.

Au moment où de malheureux desservants souffrent encore de la privation de leur modeste traitement précisément pour avoir usé de leur liberté politique cette adhésion était la malvenue.

Il n'y a peut-être en cette affaire qu'un malentendu et M. Lavigerie est homme à se reprendre avec plus d'éclat encore qu'il ne s'est donné nous verrons bien.

En cette occurence le *Figaro*, qui défend tout le monde, même Mary Raynaud, a seul soutenu l'évêque de Carthage. Monseigneur est donc bien riche !

Cette année, en somme, est une année banale, une année d'attente. Les deux seuls faits à retenir sont la déconsidération de jour en jour plus marquée du personnel gouvernemental et de sa clientèle, la dislocation de l'union conservatrice qui, si elle peut se justifier sur le terrain religieux n'a aucune raison d'être en politique. On peut contracter des alliances du moment, mais lier les destinées du parti Impérialiste à celles des monarchistes c'est creuser la tombe de l'Empire.

Nous ferons une dernière remarque.

La masse de la population semble vouloir se grouper en deux catégories distinctes mais non irréconciliables. les radicaux et les bonapartistes et ce sont précisément ces deux opinions qui sont en minorité dans la Chambre.

Il y a là un indice dont on fera bien de profiter dans les prochaines élections qui seront certainement avancées car la question financière nous mène à la dissolution à bref délai.

FINANCES

Comme préambule à la question Finance, il est indispensable de rappeler que l'Assemblée Nationale, dès 1875, avait réussi à liquider le Passé.

Elle avait assuré la libération du territoire, la défense du territoire, la réorganisation de l'armée, la reconstitution du matériel de guerre, payé 5 milliards de rançon, rétabli les routes de terre et de fer, réparé les ouvrages, d'art, réassuré le fonctionnement de l'administration, indemnisé les victimes de l'invasion, etc., etc. et en plus elle avait reconstitué l'EQUILIBRE DU BUDGET et assuré l'AMORTISSEMENT PROGRESSIF DE LA DETTE.

Dès 1875, la France recueillait le fruit de ses sacrifices. AUX DÉFICITS avaient succédé les EXCÉDENTS.

Le dernier Budget voté par l'Assemblée Nationale, celui de 1876, se réglait avec un EXCÉDENT 100 MILLIONS.

C'est un fait connu, mais qu'on ne saurait trop mettre en lumière afin que le corps électoral puisse mesurer la lourde faute qu'il a commise en confiant ses destinées aux opportunistes.

C'est qu'en effet tout change à l'arrivée de ceux-ci au pouvoir. De l'Alsace-Lorraine, de la fortune de la France, ils n'ont cure. Ce qu'ils veulent c'est créer une prospérité factice afin de se maintenir au pouvoir. Ils se lancent à corps perdu dans d'immenses et chimériques Travaux publics. dans l'accroissement des places et portent le nombre des fonctionnaires de 500 mille à 800 mille, dans des expéditions lointaines et ruineuses, dans la réalisation d'utopies scolaires etc., etc. Ministres et députés, entraînés par le vertige de la spéculation, se ruent dans les conseils de sociétés financières véreuses, on bat monnaie avec la Légion d'honneur, avec les places, avec les exemptions illégales de droits fiscaux etc., etc.

La danse des milliards commence et comme ce mot glisse facilement sur les lèvres sans préoccuper suffisamment les électeurs il est nécessaire également de le bien expliquer.

Qu'est ce qu'un milliard ?

En chiffres c'est : 1.000.000.000.

Cinq mille chevaux suffiraient à peine à traîner un milliard en pièces de cent sous.

En mettant des pièces de cent sous bout à bout on formerait, avec un milliard le quart du méridien terrestre, c'est-à-dire qu'avec le total du Budget actuel, 4 milliards, on ferait à la Terre une jolie ceinture avec un joli boni pour faire l'agraffe

Il ne s'est pas écoulé un milliard de minutes depuis la naissance de Notre Seigneur Jésus-Christ.

Par ces trois comparaisons tirées du poids, de l'espace et de la durée, j'espère chers lecteurs que vous percevrez exactement ce que c'est qu'un milliard.

Et, maintenant, comme il faut aller vite et que peu d'entre vous connaissent :

— L'administration des ressources et revenus de l'Etat ;

— L'administration des charges et dépenses publiques,

nous allons simplifier.

Que désirez-vous connaître ? Trois chiffres.

Les recettes.

Les dépenses.

La différence entre ces deux chiffres, soit : l'EXCÉDENT, s'il y a gain, le DÉFICIT, s'il y a perte.

Eh bien ! le gouvernement, depuis

1877, le dernier budget *lisible,* le gouvernement, dis-je, a si bien embrouillé les choses, qu'il n'y a pas mille personnes en France capables de vous les donner exactement.

Si je prenais le chiffre des Recettes et le chiffre des Dépenses que le gouvernement a indiqués pour 1891 dans ses documents officiels, je ne vous donnerais que des chiffres pipés, menteurs, voleurs.

Et, pour vous permettre de vous y retrouver, il me faudrait plus de cinquante numéros spéciaux — comme celui-ci.

Ces mensonges durent depuis douze ans ; c'est ce que le regretté Amagat a mis en lumière dans son gros livre bleu ; mais c'est un livre gros comme un missel, et vous ne pouvez pas le lire.

Que faire, alors ? Voici :

Pour mesurer le gouffre où nous entraînent les opportunistes, il suffit de méditer, le crayon à la main, le tableau suivant, dressé par un républicain, M. Germain, financier de premier ordre et honnête, directeur du Crédit foncier :

Dans ce tableau les dépenses sont divisées en trois catégories.

La première contient les dépenses comprises dans le budget ordinaire, les seules que le gouvernement fasse figurer dans ses Budgets dits primitifs.

La deuxième contient les dépenses qui figurent dans les COMPTES DE LIQUIDATION et le Budget extraordinaire.

Ici quelques explications sont nécessaires.

Le compte de liquidation est au Budget de l'Etat ce que le compte administratif est au Budget communal. On a voté je suppose 200 millions de crédits pour les travaux publics. On ne devait donc dépenser que 200 millions et l'on doit fournir les pièces probantes de ces

dépenses effectuées selon les prescriptions en vigueur, lors de la présentation du compte de liquidation.

Quel est l'étonnement de la Chambre quand on lui accuse 650 millions de dépenses comme en 1879, où le crédit n'était que de 120 millions.

C'est qu'on a ouvert ce qu'on appelle des crédits supplémentaires. Mais un

EXERCICES	DÉPENSES (EN MILLIONS DE FRANCS)				RECETTES (EN MILLIONS DE FRANCS)		
	Budget ordinaire.	Comptes de liquidation et Budget extraordinaire.	Extra budgétaire.	Total.	Recettes.	Excédents.	Déficits.
1874.	2.377.000.000	117.000.000	14.200.000	2.509.000.000	2.506.000.000	»	3
1875.	2.397.000.000	265.000.000	13.200.000	2.675.000.000	2.700.000.000	25	»
1876.	2.524.000.000	325.000.000	41.200.000	2.863.500.000	2.775.000.000	»	88.500.000
1877.	2.560.000.000	309.000.000	38.400.000	3.907.400.000	2.780.000.000	»	127.460.000
1878.	2.625.000.000	552.000.000	59.500.000	3.236.500.000	2.851.000.000	»	385.500.000
1879.	2.701.000.000	453.000.000	72.100.000	3.226.000.000	2.842.000.000	»	384.000.000
1880.	2.641.000.000	537.000.000	93.700.000	3.271.700.000	2.888.000.000	»	383.700.000
1881.	2.739.000.000	738.000.000	103.000.000	3.580.000.000	2.909.000.000	»	671.000.000
1882.	2.893.000.000	663.000.000	112.000.000	3.668.400.000	2.901.600.000	»	752.400.000
1883.	2.935.000.000	615.000.000	158.500.000	3.708.500.000	2.958.000.000	»	750.500.000
1884.	2.979.000.000	416.000.000	284.000.000	3.679.000.006	2.958.000.000	»	721.000.000
1885.	2.083.000.000	257.000.000	234.400.000	3.574.400.000	2.975.000.000	»	599.400.000
					soit une différence de...		1.866.400.000
	évaluations	évaluations	environ	environ	environ		
1886.	3.028.000.000	211.000.000	500.000.000	3.739.000.000	2.975.000.000	»	789.000.000
1887.	3.032.000.000	175.000.000	500.000.000	3.700.000.000	3.000.000.000	»	760.000.000

NOTA. — Le tableau des dépenses comprend les dépenses diminuées des remboursements et amortissements. Le tableau des recettes comprend les recettes légitimes, on en a retranché ce qui provient de l'emprunt.

crédit n'est pas de l'argent. Pour en trouver on a emprunté.

Si ce n'est pas là une augmentation de dépenses je consens à crier : Vive Philippe VII ? Et vous savez si cela me coûterait.

Donc, à la liquidation, arrive la carte forcée, car il y a fait accompli.

Le Budget extraordinaire, cette plaie des Budgets, c'est comme qui dirait le droit illimité de dépenser. On met dans le Budget extraordinaire tout ce qui est susceptible de s'accroitre au cours de l'exercice, c'est-à-dire d'un premier janvier à un autre premier janvier.

Arrêté en prévision à 1 milliard, ce budget a fait comme l'abeille, il a butiné en route et à la fin de l'année il nous arrive souvent augmenté d'un tiers.

La troisième catégorie contient tout ce qui n'est pas inscrit dans les deux premières, les Emprunts, les Emissions de Bons sexennaires, les Obligations à court terme, etc., etc.

Remarquez, je vous prie, qu'il ne s'agit ici que de comptes courants, je devrais dire galoppant et nullement de la DETTE qui fera l'objet d'un paragraphe subséquent.

Dans la colonne 4, on a totalisé les trois premières, et cette colonne 4, donne exactement le chiffre des dépenses de l'année, lequel est souvent le double de ce qu'a autorisé le Parlement en votant le Budget.

Reportez-vous maintenant au tableau

de M. Germain et vous constaterez que de 1874 à 1885 il y a un DÉFICIT de 4.841.000.000.

QUATRE MILLIARDS HUIT CENTS QUARANTE UN MILLIONS DE FRANCS.

Un déficit ! Vous entendez bien. Rien encore de la Dette.

Mais me direz-vous. Bien que nous ne puissions vous demander le détail de ce formidable DÉFICIT qui représente un DÉFICIT annuel de

SIX CENTS MILLIONS.

Nous voudrions bien savoir ce qui le constitue.

Vous le demandez. Le voici, c'est toujours M. Germain, qui parle.

EMPRUNTS RÉALISÉS DIRECTEMENT OU PAR DES TIERS DU 1er JANVIER 1874 AU 31 DECEMBRE 1885, DÉDUCTIONS FAITES DES AMORTISSEMENTS ET REMBOURSEMENTS.

Produit net du 3 0/0, amortissable, en 75 ans............	3.215.800.000
Produit net des obligations trentenaire de 1877	74.000.000
Produit net des obligations trentenaires de 85	50.000.000
Obligations à court terme existant au 1er mars 1886...........	466.000.000
Avances de la Compagnie algérienne....	10.000.000
Avances des Chambres de commerce....	50.000.800
A reporter.	000.000.000

Report.....	000.000.000
Avances en travaux des Compagnies de chemins de fer (France)..	220.000.000
Avances en espèces des Compagnies de chemins de fer (France)..	102.000.000
Avances en travaux des Compagnies de chemin de fer (Algérie)..	275.000.000
Dette flottante y compris la Banque de France...............	322.000.000
Total........	4.784.000.000

Comparez ce total avec l'excédent de dépense ou DÉFICIT précité. Il reste encore 57 millions.

Ils proviennent de l'excédent des dépenses produites par la nouvelle loi militaire.

Voici donc près de cinq milliards de déficit dissimulés au pays. Bien plus, on a eu l'imprudence de lui affirmer que le Budget de 1881 et 1882 se soldaient en excédent. Donc en dissimulant les dépenses et en mettant au chiffre recettes des sommes acquises pour l'emprunt, ou par des économies réalisées pour couvrir des dépenses antérieures, on peut parfaitement accuser des excédents, mais celui qui paie ne s'y trompe pas.

De 1874 à 1885, le chiffre annuel des dépenses s'est augmenté de 1.200 millions; vous n'avez pour le constater qu'à retrancher 2 milliards 500 millions, année 1874, de 3 milliards 574 millions 400 mille, année 1885.

N'allez pas vous imaginer que 1885 représente le maximum des dépenses.

Elles ont au contraire augmenté en 1886, 1887, 1888, 1889 ; car on a continué le petit jeu des obligations à court terme, des bons sexennaires, des emprunts aux Compagnies, etc., etc., et l'on dépense aujourd'hui :

Un milliard six cents millions de plus qu'en 1874.

Le déficit annuel est de 700 millions.

Le déficit total est de six milliards.

Je n'ai pas le loisir d'entrer dans le détail des dépenses.

Mais les Travaux Publics, l'Instruction Publique et les Expéditions lointaines sont les principales sources de ces dilapidations.

Et n'allez pas croire que l'outillage national a gagné.

Pas du tout. Le prix de revient du kilomètre de chemin de fer est monté à 300,000 et même 400,000 francs, au lieu du prix normal moyen de 80,000 francs, et sur les 1 milliard 800,000 fr. dépensés d'après le projet Freycinet, il n'y a pas 1 milliard qui ait produit un effet utile.

Ce sera l'objet d'un article ultérieur.

On vous dira encore : « La guerre et la marine sont les causes de ces énormes dépenses. » Mensonge ! !

La France dépense 900 millions pour la guerre.

La Prusse n'en dépense que 700 — et fait mieux.

On a vu par le rapport Gerville-Réache que nous avons dépensé pour la marine 1 milliard 700 millions DE PLUS que les autres puissances et que nous avons moins de bâtiments qu'en 1871 — et plus mauvais — et qu'en tout nous sommes inférieurs à nos rivaux, si ce n'est pour le nombre de bonnets de coton. Là, nous reprenons une revanche éclatante. C'est le ministre de la marine qui les fournit lui-même. — Maison Barbey et Cie, etc.

Le tout à l'avenant.

Vous connaissez maintenant les fameux trois chiffres fatidiques :

Dépenses.
Recettes.
Déficit.

Vous connaissez encore l'augmentation annuelle des dépenses, soit : 1 milliard six cent millions de plus qu'en 1874.

Examinons maintenant ce que va devenir ce déficit de 6 milliards.

Il va s'en aller rejoindre la Dette, parbleu !

Causons donc dette.

La dette, comme chacun sait, est composée pour la majeure partie de la masse des emprunts accumulés et non remboursés. La dette publique se partage en deux grandes branches :

La dette inscrite ;

La dette flottante.

La dette inscrite comprend :

La dette consolidée, qui se compose de rentes constituées sur l'Etat à titre perpétuel ;

La dette viagère, qui comprend les rentes devant s'éteindre avec la vie des titulaires, et les pensions, retraites, etc., etc.;

Les cautionnements.

La dette flottante, qui comprend des dettes portant intérêt et des dettes n'en portant pas, se compose :

De placements, d'émissions de bons du Trésor, obligations diverses, garanties d'intérêt aux grandes compagnies, etc., caisses d'épargne, etc.

Comme son nom l'indique, elle flotte, mais on pourrait aussi l'appeler la dette montante, car elle ne cesse de s'accroître.

J'ai pensé que ces définitions étaient nécessaires.

Au fond, dette inscrite, dette flottante, sont bonnet blanc et blanc bonnet pour le contribuable qui, dans un cas comme dans l'autre, verse son argent pour payer les créanciers et servir les intérêts.

Ce sont des catégories utiles pour la clarté des comptes et aussi pour l'étapement des paiements, mais en définitive, elles n'enlèvent pas un atome du poids immense qui courbe notre échine et nous conduit à la Banqueroute.

Quel est donc aujourd'hui le chiffre de notre dette, que les opportunistes ont augmentée de six milliards.

Ecoutons M. Pelletan, un républicain avéré.

Cette dette est de 30 MILLIARDS, non compris les derniers emprunts de 1887-1888-1889 qui la portent à 32 MILLIARDS.

Cette dette a subi une marche ascensionnelle sous tous les gouvernements.

Sous le premier Empire (1800 1814) elle s'est grossie en moyenne de 150 millions par an.

Sous la restauration (1815-1830 elle a grossi de 160 millions par an.

Sous les d'Orléans elle a grossi de 100 millions par an (1830-1848).

Sous la République de 1848 de 167 millions par an (1848-1851).

Sous le second Empire elle a grandi de 280 millious (1851-1870) par an.

Sous l'Assemblée nationale (1872-1876) elle a grossi de 375 millions par an.

Sous les opportunistes de 1876 à 1890 de 430 millions d'après M. Pelletan et de 600 millions d'après M. Germain. C'est ce second chiffre qui est le vrai.

Mais est-ce tout ? Non, certes.

La dette des communes de 1877 à 1890 s'est élevée de 2 milliards et atteint aujourd'hui plus de 4 milliards.

La moitié des communes de France paie aujourd'hui plus de *cent centimes*, car l'Etat a reversé sur elles une partie des dépenses scolaires.

La dette des départements dépasse 3 milliards.

Comme en définitive nous payons pour les 3 parties prenantes, Etat, Département, Commune. Nous avons à faire face en réalité à une dette publique de

40 milliards

au bas mot.

C'est foudroyant!!!

Et cet accroissement de la dette ne peut que s'accentuer d'après une progression dite par quotient. Le nombre des pensionnés sortant de l'armée avec des retraites proportionnelles est quintuplé, il sera décuplé dans 5 ans, si d'ici-là nous n'avons pas fait banqueroute.

Ajoutez encore que nous payons par an un milliard à l'étranger par suite du surplus des importations sur les exportations et que ce chiffre va s'accroître presque d'un tiers en raison du bill Américain, qui va porter à notre exportation un coup formidable. Il est sorti de France, depuis 1879, plus de 14 milliards de ce chef.

Nous laissons, après cet exposé, à chaque électeur le soin de conclure.

C'est la banqueroute à court terme.

En attendant on vient d'augmenter les impôts, et l'on va lancer un emprunt de 950 millions, qui précédera à court terme un autre emprunt de plusieurs milliards, et cela avant un an.

Si nous n'enrayons pas nous sommes perdus.

AFFAIRES ÉTRANGÈRES

Je serai très bref. L'année 1890 s'est écoulée sans guerre.

La paix mal assise a continué ses effets désastreux et les armements n'ont pas cessé sur le continent.

Les faits caractéristiques sont les élections allemandes de février 1890, la retraite de M. de Bismark, le voyage de Guillaume II à St-Pétersbourg, l'écrasement du Portugal par l'Angleterre, le partage du continent noir entre l'Allemagne et l'Angleterre et l'attribution à la France d'une part dérisoire de ce continent, la continuation de l'état de guerre au Tonkin, la paix honteuse conclue avec le Dahomey, la mort du roi de Hollande le renouvellement de la Triple Alliance.

Les élections allemandes on donné un succès triomphant au socialisme en Allemagne, Le nouvel empereur d'Allemagne a essayé de prendre la tête du mouvement et de prussianiser le socialisme. M. de Bismark avait lui-même provoqué la marche ascendante du socialisme pensant l'endiguer et le canaliser.

Beaucoup de sages esprits avaient blâmé le chancelier de fer de toucher imprudemment à cette question brulante, l'empereur Guillaume II avec la hardiesse inexpérimentée de la jeunesse, a été beaucoup plus vite et beaucoup plus loin que le vieux chancelier. Il est probable qu'il en est à se repentir et à méditer une réaction. Il pourrait bien jouer quelque jour sa couronne.

M de Bismarck a payé ses tardives hésitations de sa chute. L'Europe a été soulagée en voyant tomber cet homme dont l'astuce et le génie autoritaires lui ont préparé des tempêtes grosses de guerres sans fin et de ruines trop certaines. Mais cette chute n'a en rien modifié la situation respective de la France et de l'Allemagne.

Une étincelle peut d'un jour à l'autre mettre le feu aux poudres et Dieu sait en quelle quantité la poudre est accumulée.

En présence de cet affolement général la puissante et calme figure du Tzar est le seul spectacle capable de rasséréner les esprits. Le Tzar veut la paix, et tant qu'il vivra la paix ne sera pas troublée à moins d'un coup de tête du jeune Guillaume II.

Si ce souverain impétueux prenait l'initiative de la guerre, il est certain qu'un million de chevaux Russes ne tarderaient pas à couvrir l'Allemagne.

Il n'est pas de jactance qui tienne devant cette menace, et tous les voyages à Saint Pétersbourg, toutes les flatteries, toutes les intrigues ne prévaudront pas devant la ferme volonté du Tzar de maintenir la France au rang des grandes nations tant qu'il vivra. Mais vivra-t-il ? Les abominables nihilistes, ne l'assassineront-ils pas ?

La vie de millions de créatures humaines tient en ce moment aux hasards d'un assassinat.

L'Angleterre profitant de la faiblesse de l'Europe a exécuté le malheureux petit Portugal. La force a encore une fois primé le droit L'Europe s'est tue, non pas par indifférence, mais pour ne pas engager le grand conflit latent par un de ses côtés subsidiaires. Espérons que tôt ou tard justice sera faite.

Entre temps et profitant encore de l'état précaire de la paix en Europe, l'Allemagne et l'Angleterre se sont partagé le continent Africain. L'Allemagne s'est adjugé toute la côte orientale de l'Afrique depuis le Zambeze jusqu'à l'Abyssinie. L'Angleterre a pris le Haut-Nil et les territoires environnant les grands lacs rejoignant à travers l'Afrique intérieure ses territoires du Zoulouland. On a laissé à la France les stériles déserts des Touaregs jusqu'au lac Tchaad et le Haut-Sénégal — du sable. — C'est sa part, et M. Ribot, du centre gauche, s'imagine avoir fait une belle conquête. On n'est ni plus ignorant, ni plus inepte. Il faut dire aussi que cette mer de sable est pleine de promesses pour le chemin de fer le Transaharien destiné à drainer le reste de notre pauvre argent.

Au Dahomey, Behanzin nous a vendu la paix au prix de 20,000 francs par an. La France est désormais tributaire d'un roi sans culotte.

— Philippe-Egalité, du fond des enfers, tu dois être content !

Une grosse question vient de surgir à l'horizon. Le roi de Hollande vient de mourir, et le Luxembourg, détaché en 1867 de la Confédération germanique, va redevenir Prussien. C'est un gros atout dans la main de la Prusse et une nouvelle forteresse qui s'élève contre la France. Mais c'est surtout le commencement de l'envahissement de la Hollande par l'Allemagne. Les Hollandais s'appellent eux-mêmes de petits Allemands (DEUTCH). A part Rotterdam, qui est restée très Française, les villes hollandaises sont secrètement gagnées à l'influence allemande. Le moyen-âge va recommencer.

En somme, les chances de paix sont diminuées et il n'est plus guère possible d'espérer que le criminel conflit des peuples puisse être évité. La Triple-Alliance a resserré ses liens et tout dépend du hasard.

Au milieu de ces tristesses, la Papauté est restée immuable. Attristée sans doute, mais forte de ses deux mille ans d'existence, elle envisage l'avenir, si menaçant qu'il soit, avec sa confiance inébranlable dans les promesses du Christ.

Le rétablissement de la Papauté et la reddition de l'Alsace-Lorraine à la France sont les deux grandes questions du siècle.

Comme chrétien, comme patriote, j'ai foi dans la terminaison heureuse de ces deux grandes questions.

Littérature, Beaux-Arts

Il faut en prendre son parti, la République n'aura pas seulement abaissé les caractères, avili le Suffrage Universel, rempli les sphères gouvernementales de Wilson, de Mary Raynaud, de Bonnet-Duverdier, de Cazot et de mille autres que nos lecteurs connaissent bien, elle n'aura pas seulement rendu la France tributaire d'un Behanzin pouilleux, fait jouer à notre pays le rôle de dupe dans l'Afrique centrale et compromis en mille circonstances notre dignité en s'applatissant devant l'Allemagne, elle aura encore porté un coup funeste à notre bon renom littéraire.

Ah ! il n'est plus le temps où Balzac montrait le XIXe siècle, ambitieux, superbe, dévoré par toutes les ardeurs nobles ou coupables, où Lamartine chantait ses harmonies sur son luth d'or, où Victor Hugo remplissait l'horizon de ses étincelantes antithèses, où Musset rêvait tout haut son idéal immortel et ses tristesses insondables, où Gavarni ridiculisait l'égoïsme bête d'un mot, et d'un trait decrayon vengeait l'éternelle vérité. Ce n'est même plus le temps des héros d'Octave Feuillet. Nos maîtres ne voient plus que l'élément malsain, ils n'étalent plus que des monstres de corruption et de perversité. La cupidité, l'égoïsme, la névrose, le sensualisme éhonté, voilà les sources d'inspiration.

Des hydres en miniature, des marquis de Sades minuscules, des catins mal maquillées et des Talleyrand du Bouge, des Pot-Bouille, des Assomoires, des paysans qui volent, qui tuent et qui.... voilà les types de cette école dite naturaliste, qui cherche le succès dans l'horrible, comme si l'art était destiné à exalter l'immonde et la littérature à parer l'égout.

Les luttes, éternelles comme la vie de l'âme et du corps, de l'esprit et de la bête sont rococo. Il n'y a plus que la bête qui demeure.

Le Renanisme en haut et le Zolisme en bas, voilà la littérature de notre République.

En haut des savants aimables, sceptiques sans colère, traitent les idées religieuses de souvenirs puérils, de fables sans portée, ne daignant même pas leur attribuer comme le faisait Mirabeau dans une de ses plus belles harangues, le don de retremper et d'affermir l'esprit humain, pas même celui de consoler les humbles et les malheureux. Ils matérialisent le divin, et couvrent de fleurs de rhétorique leurs appétences désordonnées de fillettes déflorées prématurément. Ils ont l'hystérie de la plume, mais coquette et voilée Leur style est parsemé de cantharides à l'usage des patriciens et des patriciennes en quête de gibiers d'amour comme les Thaïs de M. Anatole France ou l'Abesse de Jouarre de Renan.

Croyances touchantes, traditions anciennes, poésie de l'esprit chrétien, vérité consolante des divines paroles, vertus spéculatives, en un mot spiritualisme source de toutes les inspirations nobles de l'honneur humain connu de la vertu, ces épicuriens foulent tout aux pieds et ils sonnent élégamment et en souriant le glas sur les doctrines qui ont bercé la France durant 14 siècles et lui ont imprimé le sceau des prédestinés aux grandes missions civilisatrices. Ce n'est plus le doute, mélancolique, douloureux même des Vigny et des Musset, c'est la certitude dans la négation, qui mène droit à l'engourdissement des consciences, à l'atrophiement du sens moral.

Ah ! le gouvernement des francs-maçons est bien servi par ses maîtres en littérature.

Depuis le collège de France jusqu'aux plus infects journaux, comme la *Lanterne*, tout enseigne en France le matérialisme ou mieux le Bestialisme. Aussi toutes les idées saines se corrodent, tous les principes de morale se désagrègent et la pourriture sociale s'augmente chaque jour et croît avec une ampleur vertigineuse, nous ramenant insensiblement à la corruption païenne et faisant tournoyer devant nos yeux terrifiés les crimes, les trahisons, les vols, le renoncement à la Patrie, les corruptions hâtives d'enfants à peine nubiles, la débauche crapuleuse et sanglante, et enfin les suicides, cette marque si évidente de décadence.

Dans cette émulation pour le mal, Zola, le grand démolisseur de conscience, attribue le bien et le mal à la fatalité ataviste. C'est un savant systématique mais inconscient. Renan lui, c'est le corrupteur par raison démonstrative. Son ecclectisme et son calme olympien cachent mal la rage de l'ange déchu. Le remords et le désespoir, quoique il dise, dominent cette âme. Il se venge de ses tortures sur Dieu.

Si, à ces enseignements de la littérature, enseignements qui pénètrent partout, car aujourd'hui personne ne combat plus pour les grandes idées chrétiennes, jadis le lien des personnes les plus opposées d'opinions politiques, on joint les efforts persévérants de l'école primaire pour déraciner les croyances du cœur des enfants du peuple et des femmes surtout, on peut prévoir le temps très prochain où la France retournera à la barbarie de la force et de l'esclavage, à moins qu'une réaction vigoureuse ne surgisse. Et je suis de ceux qui espèrent cette réaction.

Le catholicisme débarrassé des folies réactionnaires qui se sont donné jour dans les congrès anticivilisateurs de 1889, redeviendra, je le crois, le terrain commun des revendications de la conscience et déjà j'aperçois très faible, mais très perceptibles, un retour du peuple vers l'Eglise.

Que celle-ci cesse de s'inféoder à certaines idées politiques réprouvées par le peuple, et ce retour s'accentuera, comme en 1849, comme à toutes les époques de grande crise, du reste.

Si le clergé du XVe siècle avait persévéré dans la ligue, c'en était fait du catholicisme en France.

J'accepterais très bien le terrain religieux comme terrain de lutte, comme concentration des forces morales, tandis que je suis absolument réfractaire à l'union dite conservatrice, parce que cette union n'est qu'une double hypocrisie.

Pour moi les bourgeois voltairiens de l'orléanisme sont tout aussi corrupteurs que les communards franchement athées et matérialistes.

JUSTICE

La Justice est restée stationnaire. Nulle réforme. nul progrès, dans ses principes, nulle atténuation dans ses lois fiscales, seul le personnel a changé. Il est devenu plus pratique peut être par l'instrusion d'un élément nouveau dans la magistrature qui a cessé d'être une carrière et qui se recrute surtout parmi les officiers ministériels et les avocats. Mais il a baissé comme éducation, comme science du droit pur, comme lumières provenant d'une instruction étendue et variée et surtout comme garanties morales inhérentes aux idées religieuses professées dans les vieilles et honorables familles vouées à la magistrature. La justice est à la veille d'une transformation désirable et qui consistera à la scinder irrévocablement en deux grandes branches. La justice répressive et la justice civile. La justice répressive, quoique on fasse, sera toujours plus ou moins politique. La justice civile ne doit jamais le devenir. La politique est son ennemie, son écueil, bien plus son fléau destructeur.

Aucun gouvernement n'aura plus que la République poussé la magistrature vers la politique. Cela est indéniable. Les juges de paix ne sont plus des magistrats, ce sont des agents électoroux et bien souvent des persécuteurs.

INSTRUCTION PUBLIQUE

L'instruction publique entre les mains des républicains a été surtout un instrument de règne.

L'université, telle que le premier Empire, l'avait si libéralement constituée, est morte. Il ne nous reste plus qu'une machine à produire des athées.

L'instruction secondaire a baissé. Les études littéraires sont délaissées. Le mot : Humanité, si profond et si vrai, n'a plus de signification. On apprend dans les collèges uniquement pour gagner de l'argent. L'instruction, c'est l'apprentissage au métier de fonctionnaire. Ce n'est plus la culture de l'esprit, et, mieux encore, le développement des facultés morales.

L'instruction primaire est uniquement dirigée contre le Christianisme Les méthodes pédagogiques ont fait d'incontestables progrès, mais l'âme n'est plus comptée dans l'école primaire. Le bien-être, le gain, la jouissance sont les seuls buts présentés à l'enfance. Cela suffit sans doute pour apprendre à lire. Cela ne suffit pas pour faire des citoyens.

De ces écoles, on sort matérialiste, c'est-à-dire inapte à créer une famille respectable.

La grossièreté, l'indiscipline, la férocité précoce des enfants est manifeste aux yeux de ceux qui savent regarder. Les pères de famille, trop occupés des soins matériels de la vie et d'ailleurs dépourvus de toute autorité morale, commencent à envisager avec terreur ces fruits de leurs unions qui apportent à la maison des airs hautains, des mépris blessants, des vices précoces. Qu'on interroge à ce sujet isolément nos paysans et les ouvriers des villes.

Quand le clocher aura disparu pour toujours, on verra ce qui restera de vraie civilisation dans le peuple. Là encore, la République a produit son œuvre de décomposition et de demoralisation.

Le maître d'école, c'est le phylloxéra de la famille chrétienne.

SPECTATOR.

Châteauroux, Imp. L. Badel

www.ingramcontent.com/pod-product-compliance
Ingram Content Group UK Ltd.
Pitfield, Milton Keynes, MK11 3LW, UK
UKHW021955260726
13994UKWH00004B/1765